좀 더 나아지고 있습니다

좀 더 나아지고 있습니다

초판 1쇄 발행 2024년 8월 31일

지은이 Yeon
펴낸이 장현수
펴낸곳 메이킹북스
출판등록 제 2019-000010호

디자인 이정아
편집 이정아
교정 강인영
마케팅 김소형

주소 서울특별시 구로구 경인로 661, 핀포인트타워 912-914호
전화 02-2135-5086
팩스 02-2135-5087
이메일 making_books@naver.com
홈페이지 www.makingbooks.co.kr

ISBN 979-11-6791-594-8(03810)
값 16,800원

ⓒ Yeon 2024 Printed in Korea

잘못된 책은 구입하신 곳에서 바꾸어 드립니다.
이 책의 전부 또는 일부 내용을 재사용하려면 사전에 저작권자와 펴낸곳의 동의를 받아야 합니다.

홈페이지 바로가기

메이킹북스는 저자님의 소중한 투고 원고를 기다립니다.
출간에 대한 관심이 있으신 분은 making_books@naver.com으로 보내 주세요.

It's getting better

| 목차 |

1장. 삶을 살아가는 가치관

그래서 넌 객관적으로 어때?	12
마음에 새겨야 할 습관에 대해서	14
직업의 선택은 나를 알아가는 과정	16
넌 너고 난 나야	18
온 우주는 나를 통해 균형을 맞춘다	20
나의 가치관과 인생론	22
고민해서 해결될 일이야?	23
완벽주의에서 벗어나	25
너와 나의 견해 차이	26
아이에게 꼭 시키고 싶은 것들	28
나의 마음에 민원 접수를 하자	30
손길	32

2장. 몸과 마음을 챙기는 방법

겉치레와 속치레	36
어른이 된다고 하는 것은	38
운동은 나를 사랑하는 하나의 방법	40
따돌림 당하는 사람과 따돌리는 사람은 같다	41
괜찮지 않지만 괜찮은 척하는 상황	43
내가 뭔가 잘못하고 있다는 생각이 들 때	44
지금 그냥 바로	45
눈치채기	46
우리는 자주 싸운다니까요?	48
스스로를 돌보며 지키는 법	50

| 목차 |

3장. 쉼이 삶에 주는 활력

여행 갈 때의 필요충분조건	54
에너지가 생기는 장소	55
소소한 삶의 낙은 꼭 챙기기	57
몸과 마음이 같지 않을 때	59
띄어쓰기	61
미래의 나에게 해주고 싶은 말	63
예쁘게 먹기를 게을리하지 마	65
돌아보는 추억으로 산다	66
여행은 왜 가? 집이 최고인데	67

4장. 인간관계

사람들을 사귈 때	72
덕목	73
목욕탕	74
너무 힘들 때는 아메리카노 대신 노!	75
빈려	76
비누보다 물비누 같은 사람	77
처음으로 사랑하는 사람이 생긴다면	78
내가 가장 힘든 순간에 있어 줄 수 있는 사람	79
넌 평생 내 친구야	80

| 목차 |

5장. 일과 재능

여기서 이러시면 안 됩니다	84
내 인생의 알고리즘	86
하고 싶은 일이 생겼을 때	88
일머리가 없잖니…	89
귀찮은 일을 내가 해야 하는 이유	91
삶은 나의 부족함을 알아가는 과정이다	92
사소한 장점도 재능이 되는 시대	93
책이 어렵다면	
영화로 공감과 소통의 장을 열자	94
표지 없는 표지판	95

6장. 애정과 당부의 말

애정과 애장은 엄연히 다르다	100
달리는 급행열차	101
유행인가 아닌가	103
스스로 자신감을 얻는 방법	105
인간적인 나와 똑 부러지는 나	107
내 인생은 진행 중	110
첫 걸음마는 혼자였는데 이제는 걷고 싶지가 않아	112
내부와 외부의 편차를 좁혀 보자	114
과정의 한 부분	115
자전거를 탈 때	117
스스럼	118

삶을 살아가는 가치관

그래서 넌 객관적으로 어때?

나를 객관적으로 바라볼 수 있다면 얼마나 좋을까?

일단 나의 장점을 알기 위해 나를 사랑하는 마음을 가지고 나를 관찰해 보자. 예를 들어 내가 부담 없이 잘 할 수 있는 취미, 좋아하는 특기 등, 내가 잘 해왔고 이것만큼은 자신 있다 하는 일 말이다.

장점과 단점은 나를 관찰하는 데에서 온다.

누군가와 식사할 때 수저를 놔준다거나 냅킨을 준비해주는 배려심

내 주변에 있는 친구가 속상해할 때 고민을 들어주고 공감하는 공감능력

사람이 많은 곳에서 에너지를 얻는다거나 혹은 혼자 사색하는 시간에 충전이 된다 등

나를 관찰해야만 알 수 있는 장점을 메모해 보자. 그리고 그 장점들의 교집합을 만들어 내가 행복해질 가치관을 만들자.

마음에 새겨야 할 습관에 대해서

어렸을 때 나는 꽤 부정적인 사람이었다.

아빠는 아침마다 밥상에서 고쳐야 할 습관에 대해 말씀하셨고, 엄마도 그 말에 동의했다. 나는 어디 숨을 곳이 없나 점점 더 자신 없고 슬픈 나의 마음을 숨기기에 급급했다. 지나가고 보면 아무것도 아닌 말이지만 그때는 왜 그렇게 내가 우울하고 속상해지는 말에 집착하고 기죽어 했는지 안쓰럽다.

매우 불안한 시기를 지나 드디어 나는 나 스스로에게 사랑을 주기 시작했고, 그 시작은 나에게 긍정적으로 하루를 시작하는 습관으로 자리 잡았다. 매일 아침 긍정적인 말들을 되뇌어 보자. 안 된다는 말 대신 할 수 있다고 말해 보자. 내가 단정 지어 버리는 그 틀에 갇히지 않기 위해 모든 가능성을 열어두자. 남들이 하는 별 의미 없는 말에 상치받고 기죽시 말자. 그냥 웃으며 넘길 수 있는 여유를 가지자.

소설가 리처드 브리크너는 이렇게 말했다.

"희망은 절대 당신을 버리지 않는다.
당신이 희망을 버릴 뿐이다."

직업의 선택은 나를 알아가는 과정

나는 20대 초반부터 30대까지
너무나 다양한 직업을 가져 봤고 큰 실패를 경험해 봤다.

디자이너/샐러리맨/보험설계사/제빵사/회계 업무 등 많은 직업을 선택해 봤지만 스스로 적응하지 못한 것에 대한 실망감이 나에게는 큰 스트레스로 작용했다.
실패하는 것을 두려워할 필요는 없지만 한 가지 꼭 말하고 싶은 것은 실패했을 때에도 나를 사랑하는 방법을 알고 있어야 나중에 실패를 하더라도 일어설 힘을 낼 수 있다는 것이다.

나는 그 사실을 너무 늦게 경험했기 때문에 스스로 자책하고 실망하고 속상했지만 어떤 일을 하는 데 누구에게나 꼭 우선적으로 필요한 것이 나를 사랑하는 법을 깨닫는 것이라는 생가을 한다. 나에 대한 믿음과 자신감 그것이 무엇과도 바꿀 수 없는 큰 가치관이 되었으면 좋겠다.

넌 너고 난 나야

무언가를 배우면서 가장 큰 즐거움은
행복과 감사하는 마음이다.

 배울 수 있다는 것에 대한 감사함, 그것은 나에 대한 겸손의 시작이자 감사한 일을 불러오는 최고의 주문이다. 무엇을 하기 전에 나에 대해 감사해 보자. 뭐가 감사한 거죠? 라고 물어볼 수 있겠다. 내가 건강한 것, 나에게 기회가 주어진 것, 겸손할 수 있는 것, 내가 이것을 배움으로써 다른 사람들에게 도움을 줄 수 있는 것에 대해서 머릿속으로 상상하고 그것을 진심으로 감사해 보자. 배운다는 것이 기쁨이 되고 너무나도 감사한 일들을 끌어당길 것이다.
인생을 살아가는 데 있어서 가장 중요한 마인드는 긍정이란 가치관이다. 부정적인 생각이 떠오를 때 반대로 생긱할 어유를 가지자. 어제 못 이룬 목표에 대해 부정적인 생각이 든다면, 나머지 시간에 목표 달성할 수 있음을 감사하고 집중해 보자. 그 사소한 생각의 차이에서 이 세상을 헤쳐 나가는 데 정말 중요한 지혜를 얻는다는 것이다. 내가 잃은 것들을 뺀 나머지의 내 인생이 바로 내가 될 수 있도록 나만의 가치를 만들자.

온 우주는 나를 통해 균형을 맞춘다

삶의 균형

균형을 맞춘다는 것은 매우 중요하다는 생각이 든다. 균형의 의미를 찾아보았다. 어느 한쪽으로 기울거나 치우치지 아니하고 고른 상태. 뭐가 균형인지 기준을 모르겠다면 온 우주가 나를 통해 균형을 맞춘다고 생각해 보자.

내가 하는 일이 다른 사람들에게도 똑같이 적용된다면 어떨까?

모든 사람이 늦잠을 자고, 야근을 하기 일쑤이고, 청소와 정리 정돈을 미루다가 집이 엉망진창이 된다면? 균형이 없는 삶은 잣대의 기준이 없다. 또한 한 가지에만 몰두하다 보면 나중에 나의 삶을 되돌아봤을 때 후회할 수 있다.

내가 집중할 수 있는 그 한 가지가 사라지면 모든 것을 쏟아 부은 자신이 소멸해 버리고 허무해진다. 삶의 균형을 찾는 것 또한 인생의 즐거움을 알아가는 것이다.

삶의 균형은 조금 부족한 것에서 오는 것이 아닐까?

약간 부족한 상태에서 에너지도 얻고 삶의 원동력을 얻어 간다는 생각이 든다.

나의 가치관과 인생론

내가 없이는 온 우주가 소용이 없듯이
내 가치관이 없으면 인생이 행복해질 수 없다.

인생에서 참고해야 할 가치관은 나에 대해서 많이 알고 행복을 느끼는 방법을 찾는 것이다. 남의 기준이 아닌 내가 행복해지는 가치관 그것이 알고 싶다면 메모해 보자.

내가 행복해지는 일/ 좋아하는 것/ 싫어하는 일/ 같이 있으면 편한 사람/ 내가 힘들어하는 때와 이유/ 나의 성향 등 참고해야 할 나의 정보는 무궁무진하다. 남들의 기준에 맞추지 말고 나의 가치관을 확인해 보자. 가치관이 곧 내 생각과 직업, 태도, 방식 등을 결정한다.

고민해서 해결될 일이야?

보통 고민은 누구나 한다.

하지만 고민해서 해결될 일만 고민하자. 고민해서 해결될 일의 기준이란? 그 기준이 나와 남으로 갈릴 때의 고민들이다. 예를 들어 친한 친구가 매번 학교나 학원에 만나서 갈 때 지각을 한다고 고민 중이라 하자. 친구를 생각하면 한두 번쯤 친구를 위해 일찍 나오라고 말을 해 줄 수는 있지만 그가 받아들이지 않으면 지각에 대해서 고민할 필요 없이 그 친구와의 약속을 잡지 말아야 할 것이다. 내가 어찌 할 수 없는 것에 대해서 고민할 필요가 없다. 그리고 고민이 될 때 그 고민을 들어 줄 누군가가 누구여야 하는지 꼭 그것을 고민하자.

예를 들어 진학 상담은 선생님이나 부모님에게 많이 털어

놓는데, 그것은 나를 가장 가까이서 지켜본 분들이기 때문이다. 이렇게 나를 객관적으로 볼 수 있는 사람과 고민을 나누자. 혹시라도 고민을 들어줄 사람이 없다고 한다면 내가 원하는 직업을 가진 성공한 사람들에게 조언을 구하는 것은 어떨까? 그 분야의 서적을 찾아보고 그들에게 연락해 보자. 메일을 보내거나 DM을 보내 볼 수 있겠다. 나를 설레게 하는 그 직업을 가진 분들에게 나에게는 없는 그 무엇은 무엇일까 고민해 보는 시간을 가지자. 그 시간이 나를 설레게 만들어 주는 자양분과 열정이 되어 줄 것이다.

고민의 종류에 따라서 넓게 생각해 보자. 그 고민에 맞는 시간, 장소, 계기를 찾자.

완벽주의에서 벗어나

요즘은 모든 이들에게
완벽주의를 강요하는 시대가 되었다.

SNS에 피드백을 올리는 인플루언서, TV에 나오는 연예인들 모두 완벽하고 좋아 보인다. 그들이라고 처음부터 완벽하지는 않았을 것이다. 부담 없이 한번 해보자 하는 마인드가 하루하루 쌓이면 성공에 가까워진다.
처음부터 나 이거 잘해야 해, 꼭 다 알고 있어야 해, 완벽하게 해야 해 등등 나를 완벽주의에 가둬 두면 내가 사라지고 자신감을 잃어간다는 생각이다. 내가 나를 칭찬해 주지 않기 때문에 나 스스로가 싫어지고 자신이 없어진다. 앞으로는 이렇게 해 보자. 70~80프로만 내 마음에 들면 잘했다고, 대견하다고 스스로 칭찬해 보는 것이다. 사람의 능력은 모두 다르기 때문에 이 지구의 사람들이 같은 일 혹은 다른 일을 하면서도 함께 살아가고 있는 것이다.

너와 나의 견해 차이

남에게 부정적인 말 자체를 꺼내는 일이
너무 힘들고 부담스러운 사람이 있다.

나도 그랬다. 누군가와 의견 차이가 나는 것은 너무나 당연하다. 나도 내 모든 것이 마음에 들지 않는데 하물며 남은 어떻겠는가? 누구나 상대방과의 의견이 다를 때가 있는데 그럴 때 상대방에게 공감을 하려고 이해해 보려고 노력하면서 의견의 차이를 좁혀 가면 오히려 나를 공감해 줄 든든한 지원군이 생긴다는 생각이 든다. 의견의 다양성에 대해 인정할 수 있다면 마음의 문을 열고 받아들여보자.

그때는 항상 남이 내 마음을 알아주리라 생각하거나 설득하지 말고, 마음을 비우는 것이 차라리 속이 편한 것 같다. 남이 나와 견해 차이를 보일 때에는 상대방의 의견을 먼저 존중하면서 내 의견도 존중해 달라고 말하면 좋겠다. 남이 오해할 만한 행동을 했을 때에도 이것이 고의인가 아닌가 한번 생각해 보고, 고의가 아니라면 가끔은 덮어줄 수 있으면 좋겠다. 마음을 비우면 화가 스쳐 지나간다고 하는 말도 있으니까.

아이에게 꼭 시키고 싶은 것들

내가 시키고 싶은 일과 아이가 하고 싶은 일은
물론 다를 확률이 높지만 중요한 사실이 있다.

아이를 늘 관찰하고 무엇을 잘 하는지, 무엇에 스트레스를 받는지, 어떤 성향인지를 파악해서 조력자가 되어 주어야 한다는 사실이다. 사실 엄마 아빠가 되는 것은 누구나 처음이기 때문에 모든 것을 완벽하게 맞춰 줄 수는 없을 것이다. 하지만 부모로서의 노력과 애정이 아이를 행복하게 자라게 하는 데에 도움을 줄 것이다.

예를 들어 인정 욕구가 강한 아이에게 매번 시험지에 틀린 답안만을 꾸짖는 것은 매우 비효율적일 뿐 아니라 의욕이 사라지게 만들 수 있다. 어렸을 때 엄마는 책을 읽고는 코멘트를 달거나 공책에 중요한 문구를 적어 두시곤 하셨다. 아빠도 책을 많이 읽으시고 내게 추천하시거나 사주셨던 기억이 남는데 그 영향으로 나도 글 쓰는 것에 대해서 두려움보다는 설렘을 느끼고, 이렇게 그것들이 자양분이 되어 글을 쓴다. 교육에도 전략이 필요하지 않을까?

아이가 했으면 하는 것을 내가 먼저 해서 보여주는 것도 좋은 교육의 방법이라는 생각이다.

나의 마음에 민원 접수를 하자

우리는 종종 변화해야만 하는 상황에

낙담할 때가 있다.

나도 유연한 편은 아니라는 생각은 한다. 하지만 어떤 부분을 고쳐야 하는지 모르겠어서 답답하기도 하다. 민원 접수라니 무엇을 말하는지 의아한가? 세상은 변화에 유연한 사람이 유리하다. 내가 변화하고자 하는 부분에 대해 상세히 적어 보자. 그리고 그 장단점에 체크해 보자. 남을 의식할 필요도 없고, 객관적으로 1부터 100사이의 점수를 매겨 보자. 그리고 단점은 장점이 될 수도 있기 때문에 나를 너무 질책할 필요 없이 "이건 내 단점이지만 장점으로 극복해 보자" 하는 마음을 가지자.

예를 들어서 나는 성격이 급한 면이 있는데 그것을 장점(추진력이 빠르고, 실수했을 때 방향 전환을 빨리 할 수 있으므로)으로 변환시킬 수 있다. 그리고 단점을 다듬어 보려고 노력해보자. 그것은 매우 훌륭한 자료가 될 수 있다. 평소에 이런 연습을 한다면 나를 객관화해야 하는 면접이나 나를 돌아봐야 하는 상황에도 유용하게 쓰일 것이다.

손길

살아가며 누군가의 손길 없이 살아가는 사람은
없지 않을까?

사랑으로 보살펴주신 부모님 혹은 가족들

이끌어주고 방향을 찾아주신 선생님

미처 생각하지 못했지만 누군가 손길 닿는 곳이라면 모두 인생이라는 여행에 조력자인 분들이다. 인생이라는 긴 여행에 조연이 있어 '나'라는 주연의 삶이 아름다움을 깨닫자. 아침에 잠시 아르바이트로 새벽 미화 알바를 한 적이 있다. 첫차를 타려고 지하철에 도착했을 때 나는 깜짝 놀랐다. 다양한 연령대의 사람들이 첫차를 타기 위해 기다리고 있었고, 지하철을 타면 앉을 수 있을 거라고 생각했던 것과 달리 자리가 거의 없거나 서서 가는 사람들이 있었던 것이다. 인생의 열정을 가지신 분들이 많구나 하며 그분들의 손길이 있어서 직장인들의 아침이 편해지는구나 하는 깨달음을 얻었다.

하물며 우리가 늘 타고 다니는 버스 지하철 기사님들도 우리의 아침을 책임지시는 분들이 아닌가? 쓰이는 모든 사물들, 사람들의 손길도 감사하는 마음을 가지자.

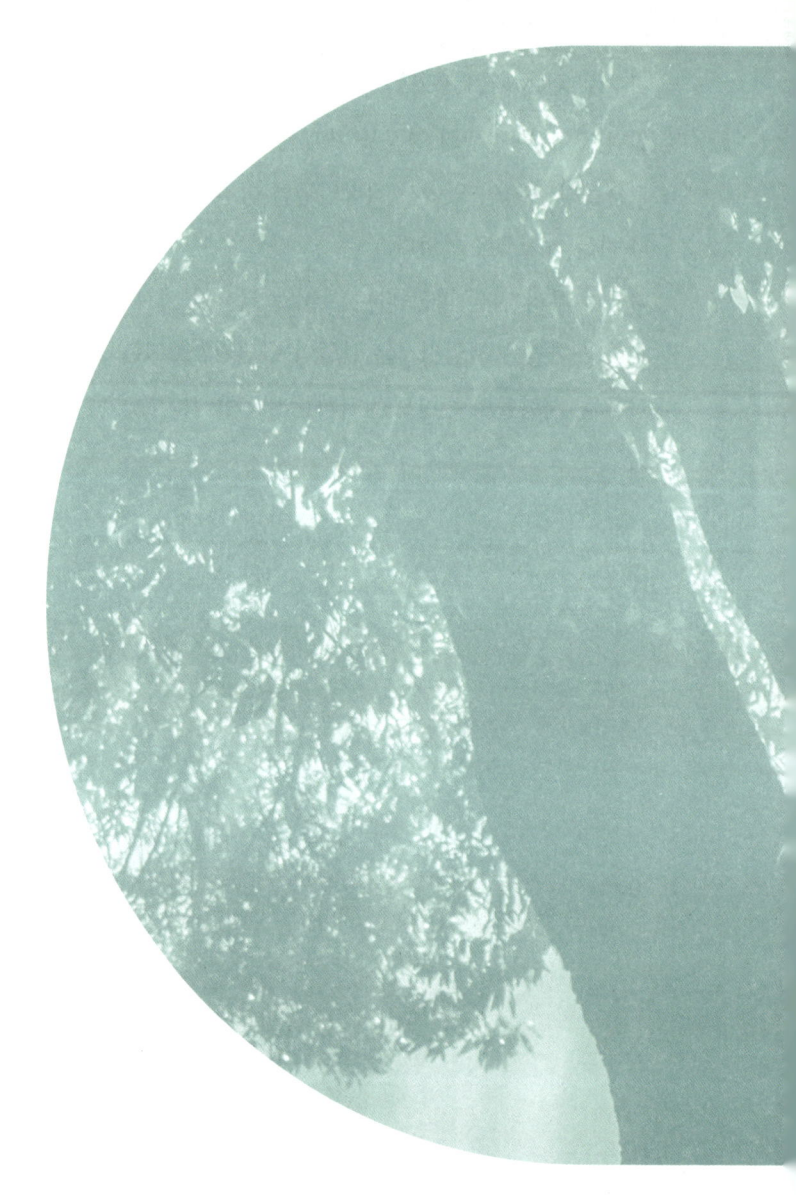

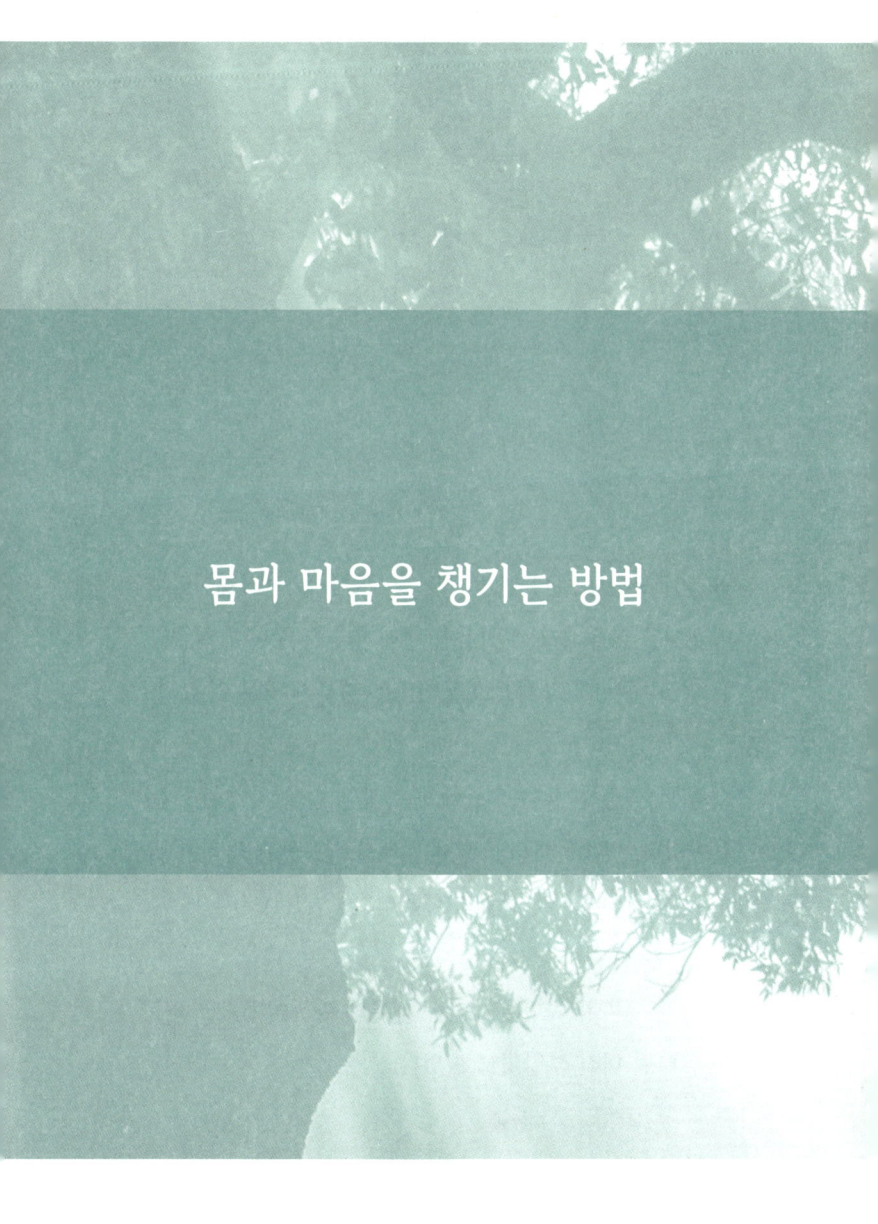

몸과 마음을 챙기는 방법

겉치레와 속치레

겉으로는 너무 예쁘고
유행하는 옷에 액세서리 등을 하고 있지만
속은 마음의 감기로 인해 우울한 사람들이 많은 것 같다.

곰곰이 생각해 보니 현재의 많은 사람들은 인터넷이라는 매개체를 이용해서 내 마음을 달래거나 혹은 아예 힘들다는 말을 하는 것 자체를 힘들어하는 경우가 많은 것 같다.

어릴 때 나는 다른 친구들에게 속상한 말을 하지 못하는 편이었다, 가족들과의 소통에 문제를 친구에게 알리면 내 치부를 드러내는 것 같았기 때문이다.

"오늘은 엄마랑 아침부터 ○○ 때문에 싸웠어!"라고 친구가 말하면 내심 부럽기도 했었다.

이제 와 생각해 보면 사소한 나의 치부를 드러낸다는 것은 사실 자신감이고, 용기라는 생각이 든다. 나의 치부를 드러내도 상대방이 나를 믿고 위로해 줄 거라는 자신감, 그리고 겁내거나 불안하게 생각하지 않을 용기. 우리도 그런 용기를 가지고 말해 보자!

들어주는 상대방의 위로와 함께 나에 대한 토닥임으로 나를 채우자. 그래야 겉치레뿐 아니라 마음의 속치레도 가능하다.

어른이 된다고 하는 것은

스스로 자립하기가 점점 더 어려운 세상에
살고 있는 우리는
어른이 되어 간다는 일이 두렵게 느껴지기도 한다.

경제적인 독립 없이는 정신적인 독립도 어려운 것이 실정이지만 어른이 되면 나의 책임과 함께 선택의 자유와 폭이 확 넓어진다.
자유와 책임의 공존을 받아들일 수 있는 상태라면 더할 나위 없이 좋지만 둘 중 하나만을 추구하는 사람이 된다면 진정한 어른이라고 할 수 없지 않을까?

부끄럽지만 나는 일찍 독립하려는 생각을 못했다.
세상 앞에 내어놓을 재능도 준비도 없었던 것 같다. 하지만 성인이 된다면 일찍 독립하여 내 삶을 꾸려나가려는 시도가 있으면 좋겠다.

당장 독립하지 못한다면 몇 살쯤에는 독립하고, 내가 원하는 삶에 대한 구체적인 그림이 있으면 훨씬 독립적인 성인으로 나아갈 수 있지 않을까?

내 재능을 찾는 일은 인생이 끝날 때까지 끝난 것이 아니다.

일정 나이가 되면 누구라도 어른이 된다.

진정한 어른의 의미를 갖춘 사람이 되기 위해 삶의 의지와 선택을 곰곰이 되새겨 보자.

운동은 나를 사랑하는 하나의 방법

운동을 하는 것은 체력뿐만 아니라 삶의 수명 혹은
건강과 직결되는 것임을 알아야 한다.

다이어트를 하고 있으니 운동은 필요 없다고?

운동은 내 삶의 수명과 질을 끌어올리는 가장 쉬운 방법 중 하나인 것 같다. 나의 경우에 운동이 하기 싫은 때에는 '오늘은 5분만 하자'라는 마음으로 운동을 시작한다.

일단 시작하다 보면 "음…. 오늘은 좀 더 해보자" 하는 마음을 가질 때가 많기 때문에 가벼운 마음으로 하는 것, 그것이 나의 방법이다.
운동의 가치는 돈으로 매길 수 없는 소중함이라는 것을 알자. 하루라도 빨리 운동을 시작해 보자!

따돌림 당하는 사람과
따돌리는 사람은 같다

왕따…. 슬프게도 왕따는
시간이 흘러도 사라지지 않는 것 같다.

왕따가 사라지게 할 수는 없지만 따돌리는 사람과 따돌림 당하는 사람은 같은 마음이라는 것을 안다. 마음에 공허함이 있다는 것이다. 혹시 가족들과 트러블이나 문제가 있다면 그것은 아마도 집뿐만 아니라 학교 학원 회사 등등에서 문제가 생길 확률이 높다. 부모님께 외면받은 상처 혹은 주눅 들어 있고 자신감 없는 표정에서 타인이 느끼기에 부정적인 감정이 느껴질 수 있다. 그 슬픔이 따돌림을 하거나 당하는 것으로 발현되는 것 같다. 나도 학창 시절 친구들과 트러블이 있어서 1년 동안 지옥 같은 생활을 한 적이 있다. 이제는 조금 내가 그 외로움에 대해 얘

기할 수 있을 것 같다. 외면받는 나를 내가 사랑하지 않았기 때문에 누구도 나에게 호감을 느끼지 못했고, 나는 친구들에게 외면받았다는 이유로 더 나를 싫어하게 되었다.

가슴에 손을 얹고 말해 보자. 왜 나를 사랑하지 못하는가? 다른 사람들이 사랑하지 않는다는 생각이 들면 이렇게 써보자.

내가 나를 사랑해야 하는 이유 / 미워하는 이유 100가지를 적어 보자. 만약 미워하는 이유가 더 먼저 생각난다면 고쳐질 때까지 긍정적으로 써 보자.

내가 나를 미워하는데 누가 나를 사랑해 줄까? 우정도 사랑도 마찬가지인 것이다. 모든 것에 자기 확신을 가지자.

괜찮지 않지만 괜찮은 척하는 상황

나에게 문제가 생겼을 때
나는 얼굴에 표정이 바로 드러나는 사람이고,
항상 포커페이스가 안 되어서 너무 스트레스였다.

그러나 항상 늘 포커페이스를 하는 것이 좋은 것만은 아니라는 생각도 이제야 든다.
내가 내색하고 싶지 않아서일 수 있지만 내색하지 않으면 해결도 어렵다. 표정으로 드러나서 누군가에게 받을 수 있는 도움을 혼자만의 방에 갇혀 내 스스로에게 위로조차 못하고 있지는 않은가?

나에게 혼자의 시간이 필요할 수는 있지만 막막하고, 괴로울 때에는 편안한 누구에게라도 조금씩 말하는 용기, 응석부릴 수 있는 여유를 가져보자. 여유가 나를 챙기는 힘이고, 나를 성장시킨다.

내가 뭔가 잘못하고 있다는 생각이 들 때

보통의 사람들과 성공하는 사람들에게는
조금의 차이가 있다고 한다.

그것은 실패했을 때의 방향 전환이다.
그것이 빠르면 빠를수록 자신의 실수를 만회할 수 있는 시간이 늘어난다.
그렇기 때문에 실수했다면 바로 인정하고 방향을 전환하여 새로운 사고를 할 수 있는 마음가짐이 필요하다. 그리고 되돌아볼 수 있는 여유가 있다면 메모해 보자.

지금 그냥 바로

매일 아침 눈을 뜨면서 생각한다.
아침은 왜 이렇게 빨리 오는 것일까?

우리는 잠을 자지 않고는 생활할 수 없다. 충분한 휴식을 취하지 못해 늘 만성피로에 시달릴 수도 있다. 그때 생각해야 할 것이 지금 그냥 바로이다.
지금 바로 일어나고, 지금 바로 핸드폰을 손에서 놓고, 지금 바로 마지막 시험공부를 위해 전력 질주해야 한다.
게으른 사람이라면 지금이라는 단어를 많이 사용해 보기를 바란다.

지금이라는 말을 쓰면서 내가 그 일을 완벽히 하고 있는 상황을 매일 잠들기 전에 시뮬레이션 하라!

눈치채기

평소 하는 습관적인 말이 있다면 한 번쯤 생각해보자.

"아 씨", "이런", "부럽다"와 같은 말을 많이 사용하고 있지 않은가?

욕을 하는 것이나 부럽다는 말 등은 엄연히 부정적인 말이다. 별생각 없이 하는 말에 대해서 우리는 관대하다. 부정적인 것들을 끌어당기고 있다는 말이 되는 것이다. 나의 경우에는 남들이 칭찬을 하면 부정적인 말로 답하는 습관이 있었다.
"오늘 헤어스타일이 바뀌었네. 좋아 보여."라고 말하면 나는 "아, 아니에요."라고 답했었는데 생각해 보면 그것은 겸손도 아니고 긍정도 아니다. 차라리 이럴 때에는 "네, 감사합니다."라고 긍정적으로 말하는 습관을 들이

도록 노력해 보자.

그것이 칭찬하는 사람에게도 나에게도 좋은 대화 습관이지 않을까?

이 외에도 스스로 눈치챌 상황은 다양할 것이다. 스스로 알아차리고 긍정의 말 습관을 들여 보자! 부정적인 말보다 긍정적인 말을 끌어당기는 습관을 들이자.

인생이 훨씬 좋은 방향으로 흘러간다.

우리는 자주 싸운다니까요?

TV에 나오는 잉꼬부부들을 보면 부럽게도
"우린 안 싸워요"라고 말하는 경우가 종종 있다.

싸우는 것이 무조건 나쁘기만 할까?
어렸을 때에는 그것이 부럽기만 했지만 돌아보니 종종 싸우면서 얻는 것도 있다는 생각이 든다. 현명하게 싸우는 법 그것은 상대방에 대한 이해나 공감도를 높여준다.
같은 이유로 2-3번 싸우라는 말이 아니다.

"아 이런 점이 상대방은 불편하구나.", "내가 이런 말을 하면 싸우게 되는구나." 이런 깨달음을 얻었다면 상대의 입장에서 내가 조심하고 신경 써야겠구나 하고 반복하지 않으면 된다.

그러면 더 발전된 관계로 나아갈 수 있는 것이다.

그러니 싸우는 것에 너무 속상해 말고 현명하게 싸우자!

스스로를 돌보며 지키는 법

나는 아직 엄마 아빠가 되어 보지는 못했지만
독립하며 느낀 점이 있다.

그것은 엄마가 하는 일은 하면 티가 안 나고 안 하면 티가 나는 일들이라는 것이다.
육아와 살림을 하면서 엄마의 삶을 내려놓고 사신 우리 엄마 모든 어머니께 감사하다는 말씀을 드리고 싶다.

그리고 자신의 삶보다 더 애정을 가지고 우리의 성장을 응원하고 보살펴주신 아버지께도 감사함을 느낀다. 또 우리가 언젠가 엄마 아빠가 된다면 조금 더 스스로의 삶을 챙기면서 지내길 응원하고 계실 것 같아 든든하고 스스로를 챙기려는 마음이 샘솟는 것 같다.

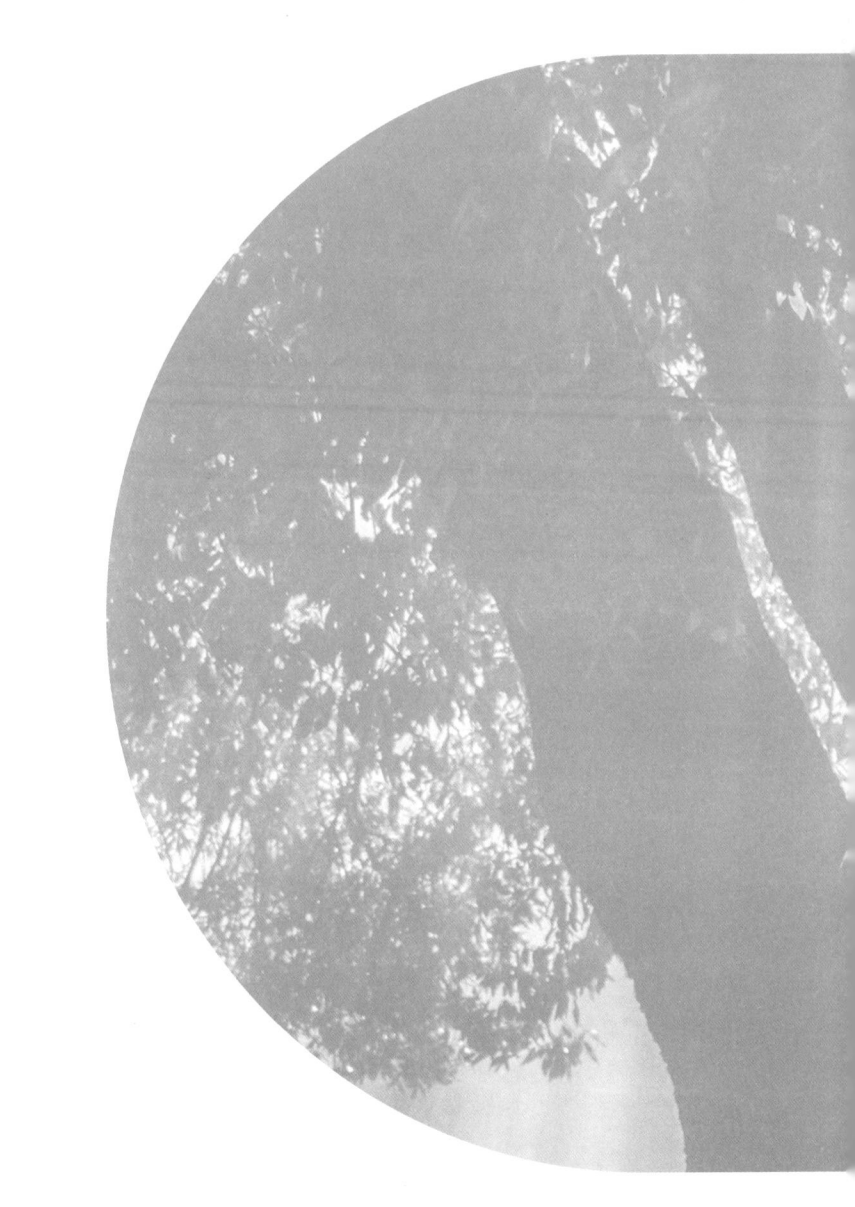

쉼이 삶에 주는 활력

여행 갈 때의 필요충분조건

우리가 여행을 간다면 잠시 다른 일은 잊어버리고
내 마음속 꿈틀거리는 무언가에 집중해 보자.
여행 전 콩닥거리는 마음 설레는 기분을 마음껏 만끽하자.

삶의 무수한 선택지가 그 여행들을 묶어놓은 카테고리라는 것을 깨닫고, 여행자의 마음으로 설레는 마음으로 여생을 나만의 여행으로 채우자.

에너지가 생기는 장소

나만의 설렘 장소를 찾자.

맛있는 걸 먹으면 스트레스가 풀리고, 사랑하는 사람과 함께하면 두근거리고, 멋있는 자연을 보면 설레는 그런 살아 있음에 감사하게 되는 그런 순간을 찾자.

나의 경우에는
옷가게에 가서 새로운 옷들을 구경하거나, 전시회 같은 곳에 가서 힐링할 때 혹은 먹어보지 못한 새로운 음식을 먹을 때 새로운 영감과 에너지가 솟아난다.

그리고 여행을 갈 수 없는 상황인데 내 상황을 환기시키고 싶을 때 영화를 본다.

가슴이 벅차게 되는 장소에 가서 가슴 벅찬 일들을 만끽하는 곳이 에너지가 샘솟는 장소가 아닐까?

소소한 삶의 낙은 꼭 챙기기

나의 삶의 낙은 무엇인가?

열심히 하루하루 살아가다가 쉴 틈이 생겼을 때 종종 우리는 우울감에 빠지거나 아픈 나를 발견하고, 여유가 생겼는데 왜 아픈지에 대해 의아한 생각이 들 수 있다.
내 생각에는 '나는 바쁘니까 아프면 안 돼'라는 생각을 하지 않았을까?

일과 삶의 균형을 찾지 못하는 사람이 꽤 많다. 너무너무 바빠도 중간중간 삶의 여유를 소소한 행복을 찾아나서는 일에 동참하자!

예를 들면 바쁜 와중에 달달한 믹스커피 한 잔
혹은 일 끝나면 바빠도 20분이라도 운동

잠시 사랑하는 가족들과의 통화 같은 소소한 행복 말이다. 중요한 것은 그 사소한 것이 나에게 행복이라는 것을 깨닫는 것이다. 그 여유의 마음이 나를 좀 더 스트레스와 부정적인 상황에 부드럽게 대처하는 사람으로 만든다.

사소한 행복이 나의 마음 면역력을 키워줄 것이다.

몸과 마음이 같지 않을 때

몸도 마음도 상태가 일치하지 않을 때는
불 꺼진 형광등처럼 나의 작동 스위치를 내려 보자.

"그래 나도 쉴 시간이야"라고 말하고 시간을 내서 휴식의 시간을 가져 보자. 우리는 우리 자신도 형광등처럼 껐다 켜야 한다는 사실을 잊는 경우가 있다.

사람도 휴식이 없이는 살 수 없어서 우리는 잠을 잔다. 잠을 자는 것은 매우 중요하다. 만약 자는 시간을 줄여서 무언가를 해야 한다면 그것이 끝나면 휴식을 취하자. 나도 한때는 잠은 별로 필요 없다는 생각을 한 적이 있다.

그래도 버틸 만하다, 시간이 없다는 이유로 체력을 고갈시키면, 건강의 이상을 초래할 수 있음을 알자.

나의 몸이 망가지기 전에 균형을 유지하는 것도 지혜이다. 잠깐 5분 10분의 휴식이라도 하루에 틈틈이 만들어 보자.

일 때문에 도저히 균형을 맞추기 힘들다면 내가 그 일을 하는 것이 나에게 맞는 일인가 심각하게 고민해 봐야 한다.

그리고 "나는 틈틈이 균형을 맞추고 있어!" 하고 머릿속에 주문을 걸면 오히려 빨리 컨디션이 돌아올 수 있다. 그렇게 말할 때마다 내 몸과 마음이 머릿속 주문을 실행으로 옮기려고 노력하기 때문이다. 쉼이라는 글자가 삶이라는 짐을 내려놓고 쉬도록 한다는 것을 우리는 알고 있다,

띄어쓰기

앞에서 말한 것처럼
우리는 그 사람과 나 사이에 거리를 띄어주어야 한다.

띄어 쓰지 않으면 말의 의미가 달라지는 것처럼 우리는 타인뿐 아니라 나 스스로와의 거리도 띄어 주고 객관적으로 살필 필요가 있다.
띄어 주는 것은 쉼표를 붙이는 것과 마찬가지이다.

사람과 사람 사이, 일과 쉼 사이, 공간과 공간 사이 등 각각의 의미를 살리기 위해 띄어 쓰자.

띄어 쓰는 것들을 유심히 관찰해 보자.

사람과 사람 사이 적당한 거리, 정원에 꽃을 심을 때 사이의 거리, 횡단보도에서의 띄어 쓰는 거리, 우주의 별과 별 사이의 거리 등등 작은 거리와 큰 거리 사이까지 쉼이 있다는 것을 인지하면 더 쉽게 균형을 찾을 수 있을 것이다.

타인과 나 사이의 거리가 있기에 삶이 유지된다.
음악의 리듬을 타듯이 쉼과 띄어쓰기를 잊지 말자.

미래의 나에게 해주고 싶은 말

음식은 먹는 즐거움과 만들 때의 즐거움
둘 다 느낄 수 있는데

요리를 통해 누군가를 기쁘게 만드는 것은 너무나도 좋은 것 같다. 내 스스로도 음식을 먹는 상대방의 만족스런 표정에 미소가 지어진다. 달고, 시고, 맵고, 짜고. 요리를 하는 것은 인생의 희로애락을 표현하는 것 같다는 생각이 든다.
요리를 배워 보자. 요리를 하면서 남이 먹을 때 느끼는 기쁜 표정을 기억하고, 함께 행복한 시간을 즐기자. 평생에 누군가와 함께 먹는 즐거움과 행복을 느끼기 위해서 말이다.

그리고 음식은 씹어서 넘기기 때문에 씹을수록 점점 부드러운 식감으로 변한다.

그것이 내가 찾은 음식의 매력이라고나 할까. 나는 유튜브나 TV 프로그램에서 하는 요리를 보고 따라 하는 것을 좋아한다.

요리를 잘 하는 사람들을 보면 음식의 맛을 정확하게 음미할 줄 아는 사람이어서 남들보다 수월하게 간을 맞춰낼 수 있는 것 같다. 나는 간을 잘 못 맞추는 사람이었는데 맛있는 요리를 해먹을 때 혹은 맛집에 가서 요리에 들어간 음식을 음미하면서 하나하나 어떤 재료가 들어갔는지 유추하다 보니 자연스럽게 요리 실력이 조금씩 늘어가고 있다.

예쁘게 먹기를 게을리하지 마

맛있게 먹는 것도 아니고 예쁘게?

나는 최근에 먹는 즐거움을 알고 적게 먹더라도 예쁘게 먹는 걸 선호한다. 작고 예쁜 컵에 담고, 예쁜 접시에 맛있게 먹다 보면 기분이 좋아진다. 예쁘게 먹는 습관을 들이자.

예쁘게 먹는 건 나를 사랑하는 마음이라고 생각하자. 예쁘게 정성스럽게 담아 사랑을 느끼면서 먹고 마셔 보자. 행복감이 나를 감쌀 것이다. 내가 행복해지는 그것이 다른 사람에게도 행복을 주는 일상의 소중함이 되도록 해 보자.

돌아보는 추억으로 산다

이제 와서 생각해 보면

그때 그 시간을 기억할 수 있는 다이어리나 친구들과의 추억을 사진으로 혹은 영상으로 남기면서 코멘트를 남긴다고 하는데 매우 현명한 방법인 것 같다. 은퇴를 하고 시간이 생긴다면 나는 추억을 되돌아보며 추억의 장소에 가거나 그 추억을 함께했던 사람들을 초대해 대화를 하면서 행복한 시간을 보낼 것이다. 그리고 끄적였던 메모와 책들을 돌아보며 열심히 살았던 시간에 대해 응원하고 싶다.

내가 좋아하는 유튜버 중 한 분은 개인적으로 비공개 블로그를 작성하여 그날그날의 코멘트를 남긴다고 하는데 정말 좋은 습관이라는 생각이 든다.

여행은 왜 가? 집이 최고인데

항상 여행을 다녀오면
'집이 최고다'라는 말을 많이 한다.

나도 그렇다. 하지만 여행을 다녀오면 설렘과 기쁨, 여유와 행복함 등 여러 감정을 느끼다 보니 여행의 매력을 포기할 수가 없다.

몇 가지 제안을 해 보자면 여행을 가면 꼭 그 여행지의 음식을 먹어 보자.
그리고 그 음식에 담긴 히스토리를 생각해 보자.

예를 들면 부산은 밀면이 유명하다. 6·25 때 부산으로 피난민들이 많이 몰려왔고, 냉면이 먹고 싶은데, 메밀가루가 귀해 미국이 대규모로 원조해 줬던 값싼 밀가루로

냉면 대신 만들어 먹은 게 밀면이라고 한다. 이렇게 음식을 먹으면서 역사를 접목시키면 맛있는 음식이 더 소중하게 느껴진다.

그리고 여행에서 벅차오르는 감동을 느꼈다면 그 순간에 떠오르는 단어나 문장들을 메모장에 적어 보자. 내가 느낀 설렘을 다른 사람도 함께 느낄 수 있도록 단어와 문장으로 영감을 표현해 보자. 그것들이 모여서 책이 될 수도 있다.

인간관계

사람들을 사귈 때

사람들을 사귈 때 중요한 것은 외모나 학벌이 아니다.

그 사람과 함께하면 즐겁고 나와 잘 통하는지 그리고 내가 슬픔에 빠져 있을 때 분명히 나에게 긍정적으로 진심을 다해 위로할 사람인지가 너무나 중요한 포인트이다.

사람은 행복할 때보다 힘들 때 혹은 위로받고 싶은 상황일 때 옆에 있어 주는 사람에게 더 고마움을 느끼는 것 같다. 내가 아플 때 혹은 안 좋을 일을 당했을 때에 챙김을 받는 것처럼 사람들에게 관심을 가져보자. 그리고 더 중요한 것은 그 위로하고 긍정적으로 말해 줄 사람이 내가 되어주는 것은 어떨까?

진심을 다해 상대방을 응원하고 존중하는 태도를 보인다면 상대방도 나에게 진심을 다할 것이다.

덕목

이제야 깨달은 덕목이 있다면 그것은 배려이다.

남들이 하고 싶지 않아 하는 일을 처리하는 것도 배려가 될 수 있다.
하루에 한 가지씩만 배려해 보자.

내가 귀찮아서 하기 싫어하는 일들을 남이 해주기를 바라지 말자.
귀찮아하지 말고, 배려 있게 인생을 살아가자.

목욕탕

목욕탕처럼 남의 손길이
아쉬워지는 마음이 들 때가 있을까?

목욕탕에서 등을 밀어줄 누군가가 간절해진다. 세신으로 묵힌 내 몸과 마음을 새롭게 할 수 있도록 꾸민 앞모습뿐 아니라 뒷모습도 사랑해 줄 사람을 만나자. 그리고 뒷모습도 아름다운 사람이 되도록 노력해 보자. 진정한 아름다움은 꾸미지 않았을 때 더 빛나는 법이다.

너무 힘들 때는 아메리카노 대신 노!

매번 자기 할 일을
나에게 떠넘기려는 동료나 선배가 있다고 하자…

힘들다는 표현이 서툴러 말 못하고 매번 번번이 남의 일까지 떠안은 경험이 있는가?
이젠 말하자!
"이건 제 업무가 아닙니다!"
단순히 일을 떠맡는 게 아닌 내 마음의 부담을 알아채고 상대의 입장보다는 내 마음을 알아채는 것이다. 참다 참다 폭발하는 부정적인 관계보다 미리 내 마음을 솔직하게 말하는 게 낫다고 생각한다. 불편한 것을 불편하다고, 혹은 부조리하다고 솔직하게 말하는 내가 되자.

내 불편한 감정을 말하는 것도 내가 내 삶을 사랑하는 방법이 된다.

빈려

나랑 안 맞는 동료나 선배 혹은
사람들을 대하기가 꺼려지는가?

이럴 땐 나와 안 맞는 사람들을 빈려로 생각해보자. 빈려는 다른 나라에서 온 여행객이라는 뜻이다. 다른 나라에서 왔으니 오늘은 좀 더 마음 넓게 생각해 줄 아량과 여유가 생길지 모른다. 그리고 다른 나라에서 온 여행객은 언젠가 다시 자신의 나라로 떠날 것이라 생각하자. 한결 마음이 편하지 않은가?

비누보다 물비누 같은 사람

우리는 비누처럼
딱딱한 사람보다 물비누 같은 사람이 되자.

언제든 편안하게 부드러운 사람.

쓰담쓰담 쓰다 보면 비누도 무르고 부드러워지는 것처럼,
같은 향기를 남기면서도 몽글몽글 포근한 거품처럼 닿을
수록 기분 좋은 그런 사람이 되어 보자.

처음으로 사랑하는 사람이 생긴다면

많은 사람들이 외모나 경제적 여건 혹은
외적인 것을 보는데 반대로
나의 모든 것을 받아들여주는 사람이 나타난다면 어떨까?

만나면 행복해지는 사람과 함께하자.

소소하지만 매번 나를 데려다주고, 통화가 끝나도 끊어질 때까지 기다려주고, 내가 귀엽다며 항상 눈 맞추며 온 마음으로 사랑을 말하는 사람. 그런 사람에게 존경의 눈길로 늘 인정하고 지지하며 감사하는 것. 우리의 사랑의 형태는 모두 다르지만 사랑이 느껴진다면 늘 존경과 인정 감사를 표현하자. 나의 허물을 감싸주고, 내가 성장할 수 있도록 응원하고 존중해 주는 사람, 그런 사람이 내 짝꿍이 된다면 좋겠다.

먼저 그런 사람이 될 수 있다면 더할 나위 없겠다.

내가 가장 힘든 순간에
있어 줄 수 있는 사람

친구들과는 함께 수업을 듣거나 학원을 다니는 등
짧게는 고등학교 길게는 대학교 시절까지
많이 어울리게 되는 것 같다.

내가 가장 힘든 순간에 어떤 친구가 옆에 있어 줄까?

사회에 나오면 친구 대신 수많은 사람들과 함께할 수 있는 시간이 주어진다. 그리고 그 사람들은 나의 친구가 되어주기도 한다. 마음이 맞는 친구란 나이와 성별을 불문하고 마음이 통한다. 진심으로 내가 사람들을 대하고 챙겨준다면 아마 발이 넓어지고, 내가 말하지 않아도 다가와 줄 사람들이 많이 있을 거라고 생각한다.

포인트는 이타적인 배려와 진심이다.

넌 평생 내 친구야

친구를 사귈 때에도 마음이 맞는 것뿐 아니라
내 상황보다 더 나은 친구를 만나기를 바라기도 한다.

앞서 말했지만 진심은 통하기 마련이다. 나는 친구들에게 장문의 카톡이나 손편지로 고마운 점을 표현하는 것을 좋아한다. 말로 마음을 전하지 못하거나 부끄러움이 많다면 편지나 카톡도 유용한 것 같다. 친구들에게 가끔 안부 카톡을 먼저 보내는 것은 어떨까?

계속 잘 지낼 수 있는 친구는 그 친구에게 내가 도움이 될 수 있고, 마음을 다할 수 있는 가치관을 가진 사람이라는 생각이 든다.

일과 재능

여기서 이러시면 안 됩니다

많은 사람들이 부모님의 기대에 맞춰 가면서
진로를 결정하는 경우가 많다.

'내가 원하지 않지만 부모님이 원하셔서…'라는 기대에 부응하고자 하는 그런 마음 말이다. 물론 내가 원하는 것과 부모님이 원하시는 것이 일치한다면 더할 나위 없겠지만 그것이 아니라면 곰곰이 생각해보자. 내가 언제까지 부모님의 기대에 맞춰 살 수는 없다. 결단해야 한다. 10대의 진로 결정이 혹은 20대의 진로 결정이 끝은 아니지만 내가 원하는 일, 하고 싶은 일에 용기를 못 내서 40-50대에 후회하며 신세 한탄을 하게 될 수도 있다.

물론 기회는 언제나 열려 있지만 직진으로 갈 길을 일부러 돌아가는 일은 없기를 바란다.

내 인생의 주인은 '나'라는 것과 그것을 개발하는 재능을 찾아내는 것도 내 삶의 주체가 되는 일이라는 것을 알자!

내 인생의 알고리즘

인생에 전환점이 되는 계기는 다양한 것 같다.

책을 읽으면서 나의 롤 모델을 찾거나 메모를 끄적이는 것도 추천한다. 에이, 메모를 끄적인다고? 생각할 수 있겠다.

하지만 매일 내가 무엇을 먹는지 무엇을 하는지 무엇을 느끼는지 안다는 것은 나의 변화나 의식의 흐름을 캐치하는 데 많은 도움이 된다. 요즘은 유튜브에서 검색하면 알고리즘으로 나의 원하는 분야를 쉽게 보고 느끼고, 분석할 수 있으니 인생의 방향을 잡는 데에도 도움을 받을 수 있다. 여기서 주의할 점은 꼭 메모하면서 다양한 롤모델(책/ 유튜브 /OTT 등)을 찾아보고 분석도 해 보길 바란다. 그분들의 성공 패턴이나 강조하는 부분, 각 분야의 사람들이 가진 공통점과 차이점을 메모해서 나에게 대입해 보자. 성공하는 나를 기대하며 메모하는 것들이 설레는 일이 되지 않을까?

스스로에게 터닝 포인트는 자신을 잘 아는 것에서 출발한다고 생각한다.

하고 싶은 일이 생겼을 때

남에게 자신 있게
내가 하고 싶은 일이 생겼다고 당당하게 말하고 싶지만

그것이 어려운 순간들이 찾아오면 어떻게 하면 좋을까?

일단 나는 말한 뒤에 말한 것을 후회할 것 같으면 보류하고 내가 하고 싶은 일 그 일에 먼저 집중하라고 하고 싶다. 먼저 기반을 다진 후에 용기 내어 말해 보자. 처음부터 말하지 못한 것에 죄책감이나 부정적인 감정을 가질 필요는 없다. 어차피 내 인생을 책임져야 할 사람은 나다.

일머리가 없잖니…

회사 생활을 하면서 조금씩 일머리에
대한 말을 듣곤 한다.

너는 왜 이렇게 일머리가 없니?

내가 생각하는 일머리가 있는 사람이란 관찰력과 적응력이 좋은 사람이다.
일단 일머리가 있으려면 나의 업무에 대한 이해도가 기본적으로 있어야 하고, 그것이 준비된 상태라면 주변의 동료나 나의 선배가 하는 일을 관찰하면 된다.
관찰만으로는 도저히 따라가기 힘들다면 연습을 많이 해보는 것, 그것이 일머리를 늘려가는 과정이고, 그것도 여유롭지 않다면 내가 동료의 일, 선배의 일을 맡았을 때 어떻게 처리할 것인가를 염두에 두고 시뮬레이션을 익숙해질 때까지 하면 된다.

그리고 적응력이 좋은 것은 어떻게 따라잡을 수 있나?
그것을 후천적으로 개발하는 방법은 내 생활 패턴을 자주 바꾸는 연습을 하는 것이다.

예를 들어 오늘은 어제와 다르게 일 처리하는 순서를 바꾼다거나 손으로 쓰는 작업만을 고수해 왔다면 오늘은 컴퓨터로 일처리를 해 본다거나 하는 등, 다양한 방법으로 내가 익숙해진 방법을 새로운 패턴으로 바꾸어 보는 것. 이것이 내가 느낀 적응력을 향상시키는 방법이다.

귀찮은 일을 내가 해야 하는 이유

나는 지극히 평범한 사람이다.

그래서 아무도 하기 싫어하는 일을 내가 한다면 어떨까 생각해 보게 되었다. 상대방이 귀찮아하는 일을 내가 찾아서 하는 것이 나에게 경쟁력이 될 수 있고, 나는 누군가에게 꼭 필요한 사람이 될 수 있을 것이다.

"에이 뭐 그런 일로 내가 필요한 사람이 되느냐" 되묻는 사람이 있을 수 있다. 하지만 그 작고 사소한 귀찮은 일이 모여서 아무것도 아닌 것에서 아무것이 될 수 있다는 것을 안다면 그것이 토끼와의 경쟁에서 이길 수 있는 거북이인 나의 경쟁력이다.

삶은 나의 부족함을 알아가는 과정이다

왜 태어났을까.

하늘이 원망스러운 시기가 누구에게나 찾아올 수 있다고 생각한다. 그런 생각이 든 당신은 운이 좋은 사람이다.

왜냐하면 아직 인생은 끝나지 않았고, 그것은 나의 부족함이 뭔지 곰곰이 생각해볼 수 있다. 우리는 혼자 살아갈 수 없다.

누군가에게 내가 도움이 되는 존재가 되는 것. 그것이 내가 여기에 존재하는 이유라는 생각이 들었다. 나의 부족함을 느끼고 채워가는 일, 그것이 무엇일까 고민하는 것들이 나의 겸손함을 알고 그릇을 넓히는 중요한 무기가 될 수 있지 않을까?

사소한 장점도 재능이 되는 시대

최근에는 직업의 종류도 다양하고,
재능이 있다면 각광받는 시대가 되었다.

나의 취미가 직업이 되는 사람들도 많다. 나도 하비프러너가 될 수 있을까? 내 취미가 직업이 되려면 나의 장점부터 알아보자.

취미로 직업을 삼는 것이 마냥 좋은 일인지 득과 실을 따져보고 재능을 살려보는 것이 필요하다.

나 같은 경우도 20대 때부터 책을 쓰고 싶다고 주변에 알리면서 꿈을 키워 나갔다.
20대 때는 어떤 곳에서도 관심을 받지 못했지만 포기하지 않는다면 언젠가 이뤄진다는 것을 느꼈다. 사소한 재능이라도 그것을 포기하지 말라는 말을 하고 싶다.

책이 어렵다면
영화로 공감과 소통의 장을 열자

많은 사람들이 책을 많이 보라고 추천한다.

그렇지만 너무 딱딱하고 어려워 망설여진다면?

영화를 보고 느낀 점을 써보는 것을 먼저 해보자. 위인들의 이야기는 영화로도 많이 나온다. 그리고 요즘은 OTT로 옛날의 명작 영화들을 볼 수 있는 기회가 많으니 한번 따라 해 보자. 책보다는 훨씬 다정하고 섬세하게 내용을 알려줄 것이다. 나 같은 경우 남편이 영화 보는 것을 좋아해서 따라가 영화를 보다 보니 영화가 즐겁고 볼수록 생각할 거리가 많다는 것을 알게 되었고, 내가 먼저 영화를 보러 가자고 할 정도로 흥미를 느끼고 있다. 영감을 얻는 것 또한 많다. 영화를 보며 각자의 꿈을 키워 보자!

사소한 취미나 습관이 모여서 영감이 될 수 있다.

표지 없는 표지판

요즘 사람들은 내 목표보단
주변 시선에 더 많은 신경을 쓰는 것 같다.

목표 없이 누군가 하니까 따라 하는 삶을 살고 있지는 않은가?

똑똑함과 지혜를 구분하자. 많이 아는 것은 똑똑함이고, 지혜는 사물의 이치를 깨닫는 것이다. 예를 들어 많이 알아서 똑똑한 직업을 선택한다면 그것은 나의 머리를 쫓는 일이고, 내가 좋아서 선택한 일을 하면 그것은 마음을 쫓는 일이다.

머리를 쫓든 마음을 쫓든 내가 행복하면 그것이 내 삶의 표지인 것이고, 나를 가리키는 표지판이 된다. 요즘은 사람들이 행복한 꿈 대신 보편적인 꿈을 찾으면 행복할 것이라 믿는 것 같다.

그것은 목표 없이 "네가 생각한 행복한 꿈이니까 내가 이뤄도 행복하겠지…."라는 식의 해석 같다. 내가 생각하는 목표가 없으니 인생에 벅차오를 꿈도 감동도 없는 것이 슬프다.

앞서 말한 소소한 행복들이 모여 행복한 내 인생을 만들어 간다는 것을 알자!
그것은 내가 아니면 알 수 없을 소소하게 느껴지는 것이다. 내 행복과 내 꿈을 찾아 헤매더라도 한걸음을 더 내딛을 수 있는 에너지라는 것은 분명하다.

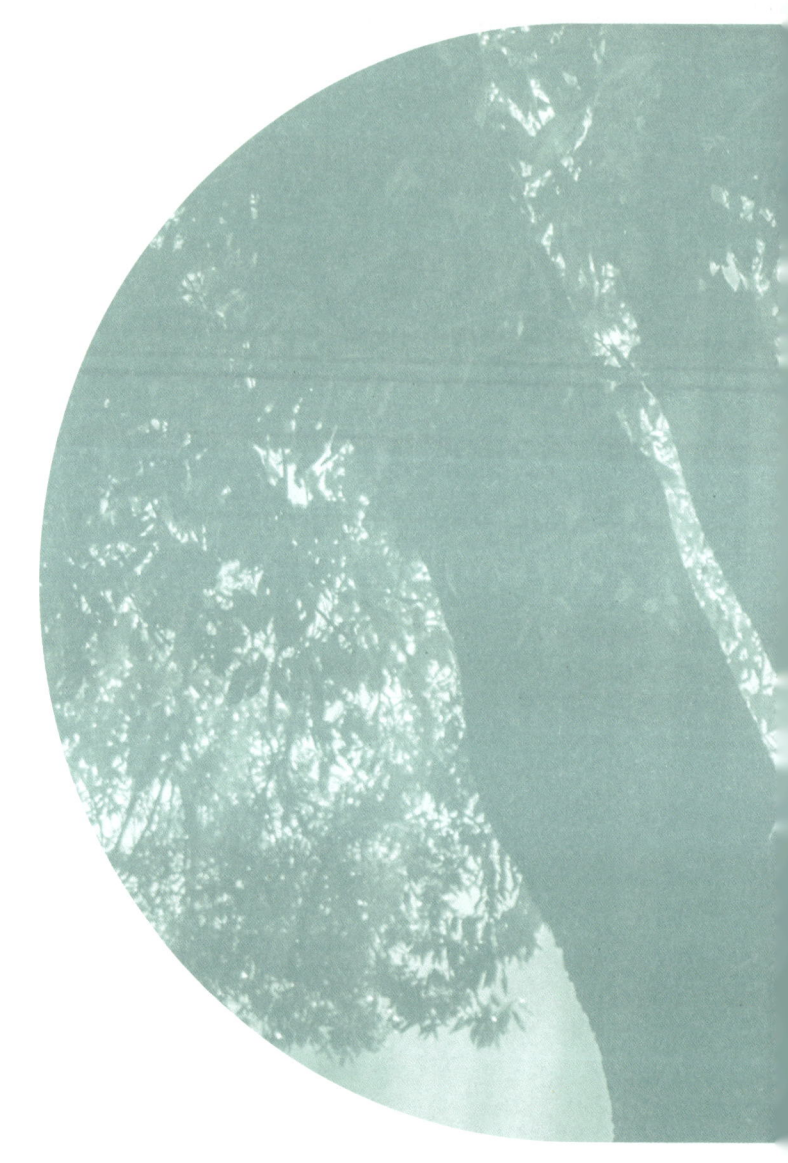

애정과 당부의 말

애정과 애장은 엄연히 다르다

언젠가 주변의 지인이
오픈 런 알바를 해 보지 않겠냐며 나에게 권유했다.

뜻을 살펴보니 희소성이 높은 명품이나 한정판 상품 등을 구매하기 위해 매장 영업시간 전부터 줄을 서고 개장하자마자 달려가듯 물건을 구매하는 것이라 한다. 희소성 있는 명품 가방을 사려면 얼마나 빨리 들어가느냐가 중요한데 그것을 위해 알바를 고용하는 사람이 있다는 것이다. 명품 브랜드의 오픈 런을 하면 그 기다리는 시간을 내가 자유롭게 쓸 수 있다며 괜찮지 않냐고 하는 지인에게 나는 말없이 고개를 끄덕였다. 명품을 사기 위해 오픈 런을 하는 사람들마저 생기는 요즘, 누군가 차가운 새벽 공기를 마시며 기다려 산 명품백은 나를 애정하게 만드는가?
혹은 애장하여 나보다 더 소중하게 간직하고 있지는 않은가? 한 번쯤 생각해 보자.

달리는 급행열차

> 과소비는 달리는 급행열차처럼
> 갑자기 세울 수가 없다.

어떤 물건을 사기 전에 이것이 나의 분수에 맞는지 생각해 보자.

월급은 최저시급인데 매번 명품만 고집하고 있지는 않는가?

나도 한때는 마음의 허전함을 물건으로 채우려고 했던적이 있다. 물건을 사면 마음에 공허함은 잠시 지나갈 뿐 또 다른 물건을 가지기 위해 지갑을 열었던 기억이 난다. 조금 다른 취미로 그 공허함을 채워보는 것은 어떨까?
스트레스 쌓일 땐 볼링이나 노래방, 슬플 때는 감동적인 영화 한 편, 공허한 마음에는 대화할 수 있는 모임이나 친구들 등 그 상황마다 나의 선호도에 맞춰서 무엇을 선택할지 생각하면 된다.

그리고 다시 한번 내 모습을 돌아보자. 내 분수와 모든 면의 적당함을 넘어서는 순간 나에게 어떤 면에서든 불행이 찾아온다는 것을 명심하자.

유행인가 아닌가

유행과 발전해 가는 방향을 인지한다는 것은 좋다.

하지만 모든 것을 유행에 맞춰서 따라하는 것은 좋지 않다고 생각한다. 패션을 예로 들어보자. 다양한 옷과 액세서리 중에 어떤 것을 고를 것인가?

최근에 옷을 잘 입는다는 것은 격식을 차리고 유행을 따르는 것이 아니라 나의 자연스러움을 찾는 것이라는 생각이 들었다. 입고 있는 옷에 따라 내 마음도 반영된다는 것을 깨달았다. 내가 입는 옷을 별생각 없이 골라도 나만의 자연스러움을 찾을 수 있도록 해 보자. 그것이 나 혹은 남이 보기에 자연스럽지 않으면 아직은 옷 스타일에 신경 쓸 여유를 찾지 못했거나 더 나와 어울리는 스타일을 못 찾아서일 수도 있다.

즐거운 마음으로 나의 아름다움을 찾는 일, 나를 사랑하는 일에 몰두해 보자.

길거리나 지하철에서 사람을 유심히 살펴본 적이 있는가?
가끔 보면 패턴이 있는 무늬의 옷을 입은 사람이 상의도 가방도 모자도 패턴을 가진 패션을 하고 다닌다거나 보기에 한눈에 들어오는 쨍한 옷을 상하의 그리고 외투에도 입는 사람들이 있다. 그것이 나를 드러내는 것이기 때문에 상황에 따라 내 옷을 나의 상태에 반영시키는 것은 필요한 것 같다. 편안하고 나에게 맞는 유행을 찾아가는 것 또한 고민해 볼 만하지 않을까?

스스로 자신감을 얻는 방법

'나는 이것만큼은 뒤처지지 않을 자신이 있어'

필자는 10대에 스스로 '나는 이것만큼은 뒤처지지 않을 자신이 있어'라고 생각하는 게 있어야 자신감을 얻고 당당했지만 현재는 나의 본모습과 노력에 대한 칭찬을 하기 위해서 노력한다.
내가 어떤 노력을 했고, 얼마나 나아지고 있는지…. 어제보다 조금이라도 나아진 부분이 있다면 그것에 초점을 맞춰보자.

이전에 나는 잘한 것보다는 잘 못했던 부분을 계속 생각하는 편이었다.
어떤 실수를 하게 되었다면, 내 실수를 인정하고 고쳐나가면 된다.

사람은 누구나 실수할 수 있다. 그것을 어떤 마음으로 바라보고 행동할 것인가를 내가 결정하면 된다. 실수 외에 나아진 부분에 대해 칭찬하고 노력하는 마음을 인정하자.

그것은 내가 얼마나 삶을 열정적으로 살아가는지에 대한 고찰이다.
노력을 응원하자. 마음의 위안이 되어줄 것이다.

인간적인 나와 똑 부러지는 나

요즘은 완벽주의가 만연한 것 같다.

인간적이라는 기준은 모호하지만 너무 나만 생각하고 냉정하게 모든 일을 원칙대로 처리하지는 않기를 바란다. 누군가가 실수해도 덮어주고, 가족이나 동료 등 매일 마주쳐야 하는 사람들에게 애정을 가져 보자.

나는 혼자서 행복한 것은 오래가지 못한다는 생각을 한다. 함께하는 가족, 친구, 사랑하는 사람들과 행복해야 그것이 추억이 되기 때문이다.

아빠가 실직하신 후 아빠의 어깨가 축 처졌던 것을 본 나는 언젠가부터 아침저녁으로 포옹을 해 드렸다. 포옹의 효과는 다양하지만 상실에 대한 두려움을 극복하는 데 도움이 된다고 한다. 그리고 언젠가부터는 다시 아빠의 어깨가 주름살이 펴지듯이 예전과 같아졌음을 느꼈다.

주변 사람들에 관심을 가지는 것이 오지랖이라고 생각할 수 있지만 누군가에게 한마디 위로와 따뜻한 어깨를 내어줄 수 있는 사람이 되고 싶다.
똑 부러진다는 말은 좋은 어감은 아니지만 내가 어떤 일을 할 때 소신은 있으면 좋겠다.
고집이 있어야 한다. 내 스스로에 대한 확신으로 남들이 뭐라 하든 고집스럽게 나를 믿어야 한다. 그래야 내 인생에서 나를 믿고 나를 믿어야 모든 일이 긍정적으로 풀리기 시작한다.

필자는 20대에 스스로에 대한 확신이 없는 사람이었다. 그래서 회사에서 업무 지시를 받으면 내가 이 일을 마무리 지을 수 있을까? 하는 불안감에 휩싸여 일처리도 뒤처지고, 업무 성과도 좋지 못했다. 왜 그럴까? 생각해 보니 자기 확신이 없었다는 생각이 든다. 내가 나를 못 믿기 때문에 불안감이 증폭되고, 그 불안이 업무처리에 영향을 주고, 상사의 질책을 받으면 더 자신이 없어지는 악순환인 것이다.

"할 수 있을까?" 하는 자신 없는 태도가 '나는 못할 것 같아'와 같은 자기 암시인 것이다. 자기 암시를 부정적으로 하고 싶은 사람은 없겠지만 내 스스로를 부정하는 그 때를 알아차리고, 긍정적으로 바꾸어서 좋은 암시를 해보는 것을 추천하고 싶다. 인생이라는 긴 여정에서 흔들릴 순 있더라도 먼 바다를 항해할 나침반을 가지게 되지 않을까?

내 인생은 진행 중

가끔 이런 말들을 듣곤 한다.
이러지고 싶어!

다시 10대로 돌아가면 좋겠어! 라고 말하기도 하는데 필자는 나이를 먹을수록 '많은 실패의 경험 등을 겪고 단단해진 내가 다시 10대로 돌아가면 어떨까?' 하는 생각이 든다. 어렸을 때 내 모습이 마냥 행복하지만은 않았다고 생각하기 때문이다.

나는 삶의 실패는 필요할 수 있지만 경험의 깨달음 없이 살거나 '왜 실패했을까?' 에 대한 진지한 고민 없이 되는대로 산다는 것은 아무런 생각 없이 10대로 돌아가려는 것과 같다는 생각이 든다. 지금의 나를 사랑하고 인정하는 게 더 좋고 점점 더 내 삶에 대해 진지하게 생각하게 되는 것 같다. 내가 하고 있는 일들의 성과와 성공 여부는 인생을 다 살기 전까지는 모르기 때문에 더 흥미롭고, 포기하지 않을 원동력으로 삼게 되지 않을까?

첫 걸음마는 혼자였는데
이제는 걷고 싶지가 않아

우리는 끊임없이 성장한다.

그렇지만 실패를 했다는 사실에 정체기의 나를 보며 자책하고 있지는 않았을까? 친구들은 취직했는데… 나는 자격증 공부 중이고 취직이 안 된 나만 정체되어 있는 것 같다. 매번 취업을 해도 오랫동안 일하기가 어려워 내가 설 곳을 잃은 사람들이 있다면 지금의 정체기가 도약의 정체기라는 것을 말해주고 싶다. 생각을 바꿔보는 것은 어떨까?

멀리뛰기를 하려면 잠시 숨고르기가 필요하듯이 더 먼 도약을 위한 멈춤이라고….
그리고 내가 무언가를 배울 때 남과 함께해야 시너지가 나는 사람인지 혹은 단독으로 배우고 성장하는 것이 편한지 한번 생각해 본다면 좋겠다. 그것을 알면 내 상황을 적극 활용할 수 있기 때문이다. 만약 시너지 효과가 큰 사람이라면 친구들과 함께 경쟁하듯이 공부하거나 학원을 적극 활용하고, 혼자 하는 것이 편하다면 독학이나 인강도 나쁘지 않다. 중요한 것은 상황을 즐기는 마음이다. 그리고 일정 기간 혹은 내 목표를 달성한다면 나에게 보상을 주자.

나는 가지고 싶은 것이 생기면 그것을 살 때까지 조바심을 내는 편이다. 그래서 가지고 싶은 물건이 생기면 소소한 목표라도 정해두고 목표를 달성한 후에 사려는 편이다. 하루 혹은 며칠 동안 그 물건을 가지기 위해 더 노력하게 되고 목표 달성에 조금 더 영향을 준다. 그리고 추후에 그 물건을 샀을 때에도 벅찬 보람과 감동이 내 스스로를 치켜세워 준다. 꼭 물건이 아니어도 내가 가지고 싶었던 책이나 먹고 싶었던 맛있는 음식 등으로 보상하고, 나를 칭찬하는 것이 나에게도 좋은 힘이 되어준다.
스스로의 가치를 인정하는 것이 또 내가 해내야만 하는 이유가 되어 주지 않을까?

내부와 외부의 편차를 좁혀 보자

사람들이 생각하는 나와 내가 생각하는 나의 편차를
좁혀 가는 것이 꼭 필요하다.

그것이 잘못은 아니다. 편차가 크다면 한 번쯤 생각해 볼 만하다. 왜 나는 속으로 다르게 생각하고 있을까? 그것은 잘못은 아니다.

하지만 겉과 속이 다른 행동은 결국 돌고 돌아 나에게 온다. 다른 사람이 나에게 웃고 있지만 부정적인 감정과 생각을 가진다고 하면 어떨까?

남에게 감사하는 마음을 가지지 못하는 이유가 있는가? 남에게 감사하는 마음을 가지지 못하면 남도 나에게 감사하는 마음을 가지지 못한다. 결국 나에게 좋지 않은 결과를 가져오는 것은 당연하다.

과정의 한 부분

우리는 과정보다는 결과로 주목받는 것에
익숙해져 있다.

그러다 보니 과정이 얼마나 고되고 힘들었는지보다 결과가 얼마나 만족스러운지에 따라 나를 판단하기도 한다. 결과에 움츠러들어 나를 돌아보지 못했다면 이제는 당당하게 말하자. 나도 최선을 다했고, 그 과정은 비가 내리듯이 힘든 숱한 순간에도 그 비는 내게 단비가 되어 나 스스로에게는 한줄기 빛이 될 것이라고. 인생을 긴 터널에 비유하면 우리는 좋든 싫든 터널을 지나가고 있다. 과정 없이 결과만 있다면 해냈다는 뿌듯한 느낌보다는 이 터널은 언제 끝나나 하는 끝이 나지 않은 인생에 대한 회의가 찾아올 수 있지 않을까?

과정 없는 결과이기 때문에 의무적이고, 고무적이지 않을까? 터널의 끝에서 실패해도 포기하지 않았던 그래서 너무나도 멋진 후회 없는 당신을 위해 애정과 응원의 메시지를 보낸다.

자전거를 탈 때

두발자전거를 처음 탔을 때 느낌을 기억하는가?

처음에 두발자전거를 타려면 혼자는 움직일 수 없다, 뒤에 잡아주는 사람이 누구였는가? 항상 처음 자전거를 탈 때처럼 뒤에서 잡아준 누군가를 떠올려보자. 애정을 가지고 그들의 인생에서 또 다른 두발자전거를 위한 애정을 실어주자.

스스럼

스스럼없다는 말을 써 본 적이 있는가?

누군가와 함께하는 일이 스스럼없다면 관계에서의 애정이 잘 진행되고 있다는 것.
요즘은 잘 쓰이지 않아 어색할 수 있겠으나 신기하게도 애정의 거리에 호감을 주는 단어라는 생각이다. 여기까지 읽어주신 독자분들이 스스럼없이 이 책과 애정을 나눌 수 있기를 기대한다.